SKY CHART
Gena Gruz

Translated into English by
Aaron Poochigian and Anton Yakovlev

Женя Груз
КАРТА НЕБА

Перевод на английский язык
Аарона Пучигияна и Антона Яковлева

BOSTON • 2022 • БОСТОН

Gena Gruz
Sky Chart

Женя Груз
Карта неба

Copyright © 2022 by Eugenia Gruzglin

All rights reserved. No part of this book may be reproduced or transmitted in any form or by any means, electronic or mechanical, including photocopying, recording, or by an information storage and retrieval system without permission in writing from the copyright holder.

ISBN 978-1-950319-85-5

Library of Congress Control Number: 2022939447

Translated into English by Aaron Poochigian and Anton Yakovlev © 2022

Женя Груз, поэт. В ранней юности переехала в США из Советского Союза. Доктор наук по молекулярной биологии, New York University. Автор двух поэтических книг «Лучащееся одиночество» (2018) и «Земные сущности» (2019), Liberty Publishing House. Живёт в Нью-Йорке.

Gena Gruz is a Ukrainian-born poet and artist, she has earned a PhD in Molecular Biology from NYU. She moved from the former Soviet Union to the USA in her early teens. She is the author of two poetry books: *Earthly Entities* (2019) and *Radiant Solitude* (2018) both from Liberty Publishing House. She leads the *Lit Party & Open Mic* reading series in New York City.

Published by M•Graphics | Boston, MA
www.mgraphics-books.com
mgraphics.books@gmail.com

Printed in the United States of America

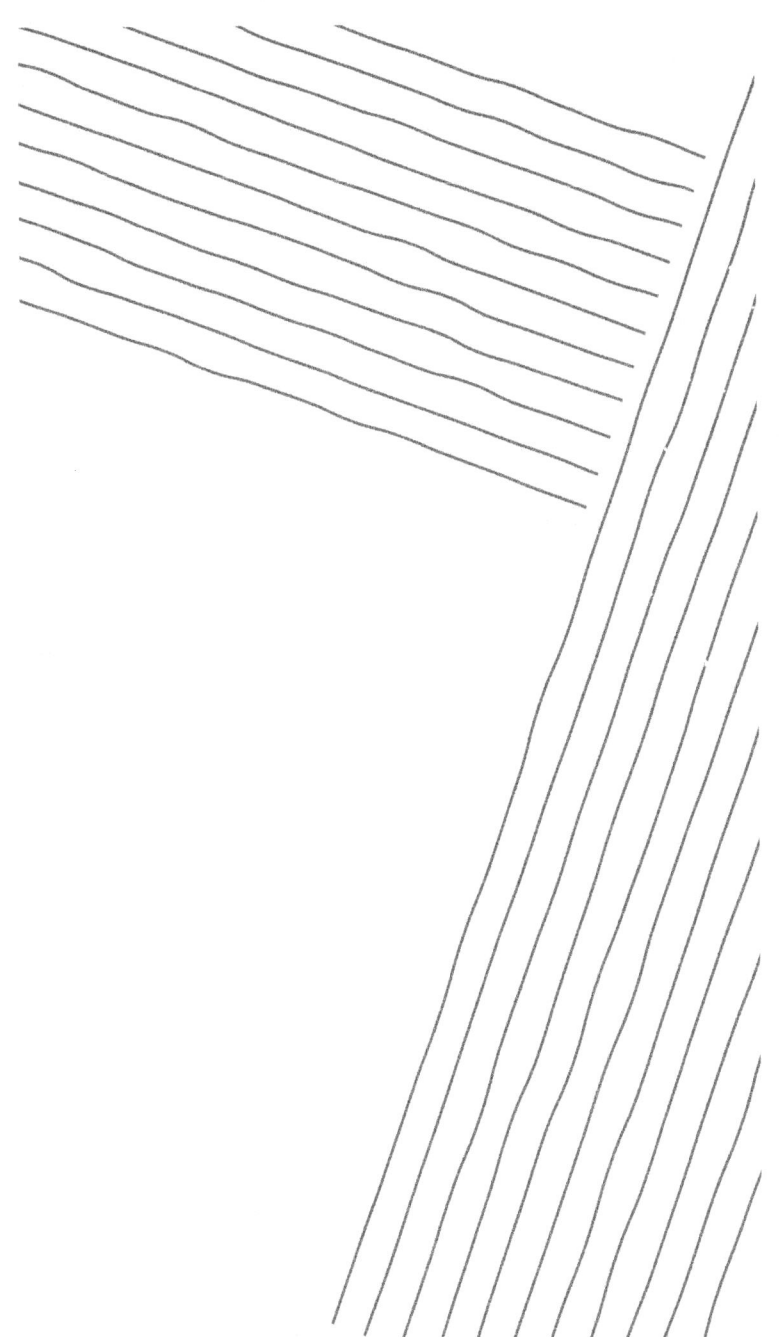

СОДЕРЖАНИЕ

РУСЬ

- Девочки в 1981 14
- Дерево 16
- Русь 18
- Инвалиды играют в карты 20
- Кот и ромашка 22
- Chinatown gallery 24
- Инкрустация испуга 26
- Соседи 28
- Жёлтые искры 30
- Белая Ворона 32
- Страх 34
- На окраине 36
- Где-то там 38
- Салон 40
- На станции 42
- Кобыла 44
- Линейка 46
- Представление 48
- Преданность 50
- В углу 52
- Нищета 54
- Икона 56
- Брошенное жильё 58
- Заболоцкий 60
- Карта лица 68
- Ой! 76
- Обломки 82

TABLE OF CONTENTS

Poems translated by Aaron Poochigian are not marked.
Poems translated by Anton Yakovlev have his initials.

RUS

Girls in 1981 15
Tree 17
Rus 19
The disabled playing cards 21
A cat and a daisy 23
Chinatown gallery 25
An incrustation of fright 27
Neighbors 29
Industrial sparks 31
White Crow 33
Fear 35
On the outskirts 37
Somewhere 39
Salon 41
At the station 43
Mare 45
Line-up 47
The Performance 49
Patriotism 51
In the corner 53
Poverty 55
Icon 57
Abandoned premises 59
Zabolotsky (transl. by A.Y.) 61
The Map of a Face (transl. by A.Y.) 69
Ouch! (transl. by A.Y.) 77
Ins and Outs (transl. by A. Yakovlev (1) & A. Poochigian) 83

Ночь	90
Молва	92
Продукты	94
Поминки	96
Николай Николаевич	98
Жизнь	100

СОВРЕМЕННЫЕ СКРИЖАЛИ

Катушка	104
Из окна	106
Ваза	108
Жара	110
Met: сюр-зал	112
По течению	114
Видение в метро	116
Путь обратно	118
В пустыне	120
Девушка плачет	122
Доброе утро	124
Очнись	126
Насекомые мысли	128
Тишина	130
Сцена	132
Музей	134
Маскарад	136
Met: экспонаты	138
День в клюве	140
Безумца миф	142
У камина	144

НЫТЬЁ

Рамужество смерти	148
«The Milton»	150
Стройка	152

Night (transl. by A. Y.) 91
Rumors (transl. by A. Y.) 93
Groceries (transl. by A. Y.) 95
The wake (transl. by A. Y.) 97
Nikolay Nikolaevich (transl. by A. Y.) 99
Life (transl. by A. Y.) 101

MODERN SCRIPTURES

Bobbin 105
Out of the window 107
Vase 109
Heat wave 111
Met: Surrealism Hall 113
With the flow 115
Vision on the subway 117
All the way back 119
In the desert 121
Weeping virgin 123
Bonjour, Monsieur… 125
Wake up 127
Insect thoughts 129
The quiet 131
Mise-en-scene 133
Museum 135
Masquerade 137
Met: exhibits 139
A day in the beak 141
Madman's Lore 143
By the fireplace 145

NAGGING

Marriage of death 149
"The Milton" 151
Construction site 153

Убийство	154
Он	156
С мамой	158
Юноша	160
Быть	162
Летний концерт	164
Юность	166
Пожелание	168
Нытьё	170
Лемуры	172

НОЧНАЯ СМЕНА

Кукла	176
Комната	178
Бескомнатный	180
Лодка	182
Морские мечты	184
Вдвоём	186
Отбытие	188
Diner	190
Зной мечты	192
Ночлег	194
Глагол эроса	196
Летний поцелуй	198
Задворки	200
Остановка	202
На пляже	204
Ночная смена	206
Перед экраном	208
В бальных платьях	210
Авоська	212
Dance	214

Murder 155
He 157
With mommy 159
The adolescent 161
Be 163
Summer concert 165
Youth 167
Wish 169
Nagging 171
Lemurs (transl. by A. Y.) 173

NIGHT SHIFT

Doll 177
Room 179
Roomless 181
Row boat 183
Sea scenes 185
Two together / together (transl. by A. Poochingan/A. Yakovlev). 187
Departure 189
Diner 191
Fever dream 193
Hostel 195
The Triple-Dicked God 197
Summer kiss 199
Trailer park 201
Stop 203
On the beach 205
Night shift 207
In front of the screen 209
In ballroom dresses (transl. by A. Y.) 211
String bag (transl. by A. Y.) 213
Dance 215

РУСЬ

RUS

ДЕВОЧКИ В 1981

маршем ступают девочки
двигаются общим строем
общепит общества
воспитывает горластых героинь
их ноги покрыты пухом юности
их ногти покрыты маковым лаком
матросская форма
юногрудного фасада

GIRLS IN 1981

girls are marching
moving en masse in formation
government provisions
are rearing outspoken heroines
their legs are covered with the down of pre-pubescence
their toenails are covered in polish the color of poppies
they are wearing sailor suits
budding façade

ДЕРЕВО

дерево кланяется поезду
возьми меня в топку вместо угля
его завернут как в газету селёдку
и бросят сгорать
до гробовой доски не дожило
и не станет забором
не увидит девочку идущую из школы

TREE

a tree is bowing to a locomotive
shovel me into the furnace instead of coal
wrapped like herring in newspaper
it will be burnt for power
it won't become a coffin
it won't become a fence
won't see a girl coming home from school

РУСЬ

русалка на ветвях кнутом кота в цепях стегает
телёнок с дубом бодается во тьме
рыбка золотая в сети неглиже
орёл двуглавый пьёт чай за решёткой
тройка с бубенцами скачет
к избушке на курьих ножках

RUS

a mermaid in a tree whips a chained cat
a calf butts an oak in the darkness
a goldfish in fishnet negligee
a two-headed eagle sips tea behind bars
a troika of horses with bells on trots
toward a hut standing on chicken legs

ИНВАЛИДЫ ИГРАЮТ В КАРТЫ

остаток тучного туловища
прилеплен к яйцевидной голове
безногий считает варианты
рука в ожогах
осколочный блеск стеклянного глаза
мир жадной обездоленной тоски

THE DISABLED PLAYING CARDS

a leftover thick torso
is glued to an egg-shaped head
a legless one is counting cards
holds them in a burnt hand
the shard of a glass eye sparkles
a world of greedy dispossessed affliction

КОТ И РОМАШКА

там ромашка около колодца
рядом с домом

не гадает любит не любит
отрывая календарные листы

не смотри глазами жёлтыми
на эту ромашку исподлобья

чёрный кот
мурлычет ей признание в любви

A CAT AND A DAISY

a daisy next to a well
beside a farmhouse

does not foretell love me love me not
by tearing a month off the calendar

you with your yellow eyes don't stare
at the daisy from beneath your brow

a black cat
purrs a profession of love

CHINATOWN GALLERY

(зарисовки)

1

буквы бегут по газете
красный барабан рот
гольфы и бельё
китайский октябрь
белое на белом
прах живых имён
под Китайской стеной

2

мех мягкой поверхности белых картин лестничная
площадка костюмов в оперении ворсистые перила

3

бутылки обмотаны в провода
мумии рабочего класса
в послерабочее время

4

смуглый глаз смотрит через линзу кожаного шлема
застегни рот и смотри на мох грубоватых губ

5

солнце колючее на цепи подвесили
пули из пупка выпукло-бронзовые
тишина рычит в темноте белёсой комнаты
наполнена хребтами с подкрашенным грунтом

CHINATOWN GALLERY

(sketches)

1

titles run across a newspaper
red snare mouth
knee-high stockings and undies
the October Revolution in China
white on white
a memorial with living names
on the Great Wall

2

soft furry surfaces of white artworks
a landing dressed in feathers plush handrails

3

bottles coiled in cords
working-class mummies
in off-work hours

4

a swarthy eye peers through a leather helmet's lens
button your mouth shut and watch the moss of coarse lips

5

a sun with spikes hangs on a chain
bullets out of a bronze outie bellybutton
silence growls in a bleached room
replete with vertebrate dyed soil

ИНКРУСТАЦИЯ ИСПУГА

проснулся разбитый череп
кровь-мазут растеклась
запачканные ботинки
закуси язык чесночными зубами
вниз лицом ото всех
хилое протёртое небо
глядит глухой гайкой

AN INCRUSTATION OF FRIGHT

the cracked skull woke up
blood like tar oozed
dirty little boots
bite your tongue with teeth like garlic cloves
face-down away from everyone
a depleted tattered sky
bears down like a deaf device

СОСЕДИ

Вздохнул от просторного горя,
Голодного горя выдох.
Вьюнок колючей проволоки
Охраняет на смежном балконе
От соседа виноградный росток.
Малолетний сексот-сосед стучит в дверь:
                    «Дай позвонить».
Час спустя его папа: «Одолжи трояк».
В его квартире самогонные чудеса.
Жена вяжет в котельной. Ночная смена.

NEIGHBORS

I inhaled voluminous grief,
I sighed ravenous grief.
Grapevines like barbed wire
Guard, on the adjoining balcony,
The neighbor's sprouts and tendrils.
An adolescent informant knocks on the door:
                      "May I make a phone call."
One hour later, his dad: "Can I borrow a buck?"
In their apartment they are making moonshine.
The wife knits in the boiler room. Night shift.

ЖЁЛТЫЕ ИСКРЫ

1

я укрылась одеялом из травы
живу под землёй
и никто не вспоминает меня

2

я смотрела на солнце и оно рыдало
жёлтые искры от сварки летели в глаза
солнце в холодный день умирало
и не было больше слёз на его лице
только холодные искры сварки
свистом обожгли томившийся день

3

ты наверно не любил
и не любишь
я в испуге замерла
по нежности скучаю как по лезвию ножа
кровь в стеклянных ветрах застыла поцелуем

INDUSTRIAL SPARKS

1

having pulled a blanket of grass over myself
I live beneath the earth
and no one remembers my name

2

I saw the sun and it was weeping
the welder's whitish-yellow sparks shot out
the sun was dying on a frigid day
and there was no more weeping on his face
only the cold sparks from the welding
a whistle burned the forsaken day

3

maybe you never felt love
and still haven't felt love
fright-frozen
tenderness missed as much as a razorblade
blood in the glass gale congealed with a kiss

БЕЛАЯ ВОРОНА

шикарная люстра в пыли
Белая Ворона на сцене
крутит фуэте
Белые Ночи во сне
я открыла глаза
буря на провинциальной сцене
чешки мне малы

WHITE CROW

a posh chandelier dimmed by dust
White Crow on stage
whirls and whirls in a fouette
White Night fantasia
I open my eyes
in a provincial theater
ballet slippers are too tight on me

СТРАХ

страх это дрожь
это шорох трухлявой листвы
железные памятники
под ржавым куполом жаркой пустыни
верхушки голых кустов
крик утонувший во тьме
мёртвые падежи
молчаливые слова из мрамора
ледяное дыхание
прохудившиеся вены
страх это живая материя
это город пепла в котором ты живёшь
мозговой ожог
оскал мира разбившегося на осколки
пересохшее горло
горбатый горный звук

FEAR

fear is trembling
is decaying leaves whispering
iron monuments
under a torrid desert's tarnished dome
barbs on naked nettle
a shriek sunk in darkness
dead grammar
reticent words of marble
numbing breath
failing veins
fear is animate matter
is a city of ash your home
charred brain
the world's rictus shattered
an arid throat
humpbacked hill hubbub

НА ОКРАИНЕ

1

блещут канделябры над белизной столов
шатается усталость голодного белёсого города
россыпь голышей чёрных глаз ушей ртов

2

ночь выдыхает холодный пар из-за рта
Маргарита на балу беспорядочной смерти
вынос из храма жизни восстание мертвецов

ON THE OUTSKIRTS

1

the candelabra glisten on the lustrous table
a blanched city staggers starving tired
a chintzy lavishness of dark vision hearing babble

2

night's gaping mouth exhales heatless steam
Margarita at the ball of gypsy wanderlust
a cortege out of life's cathedral a revolt of the dead

ГДЕ-ТО ТАМ

Загробный, обнищавший клуб, как анонимный вирус.
Рядом с церковью Петра и Павла.
Сердобольные собутыльники отчизны.
Чекушка с чеканным изображением
колхозных богатырей.

SOMEWHERE

The afterlife, a deteriorating club, like some nameless virus.
Beside the church of Peter and Paul.
Gregarious inebriate patriots.
A flask of Stoli with an embossed image on it
of collective-farm knights errant.

САЛОН

как на страничках девочки
наёмные пляшут в голубом законе
косички блёкло-бездомные
скучные сырники на сковородке
поджаренного зуда
хотят наёмные грации бездушные

SALON

like nude goddesses in books
gay geishas are dancing
their bottle-blonde pigtails like derelicts
plain-old pancakes on a frying pan
a prurient purpura
wanted: soulless Graces for hire

НА СТАНЦИИ

Блеснул на циновке вокзальный уют.
Дурак ущипнул девку.
Рядом с церковью дурдом.
Гримасы в гимнастёрках,
Махорочный рай для школьников.
Бледного окна лиловеющий воздух.

AT THE STATION

The comfort of a train station shines on cardboard mattresses.
A rascal pinches a girl's behind.
There is a psych ward next to the church.
Grimaces in tattered military coats,
A paradise of snuff for school kids.
A pale window and purple air.

КОБЫЛА

Однажды, проснувшись очень поздно,
чувствуя лишь слабость, он сел за самовар.
Готов был резать резвую
какую-то кобылу
или негодную скотину... Дело было натощак.

Но, презирая эту участь, её морды избегал.
Оскаленные зубы от ярости, от боли засверкали
болезненной белизной.
Утончённый ножик ужалил в жилу. И фонтан.
Никто и слова не сказал.

Скотина взглянула на побледневший сад.
Почувствовалась тяжесть в ногах.
И стала будто бы бумажно-неживой.

Он стал глотать горячий чай и понемногу протрезвел.
Начал зевать.
Наконец встал и вышел в парадную,
                                              и объявил успех.
Туша с длинной шеей не шевелится уже.
Съем её на ужин, как любил их в стойле всех.

MARE

One day, waking up very late, feeling only weakness,
he sat down before the samovar.
He got ready to slaughter, in sport,
a second-rate nag
or no-good cow ... It was a drag.

Despising his duty, he shied away from her face.
Her teeth, bared in rage, in pain, sparkled
a pearly pallor.
A noble knife stung her jugular. Then a spurt.
Nobody said a word.

She glanced at the wan garden.
She felt a heaviness in her legs
and became, as if on paper, lifeless.

He started slurping hot tea and sobered up a little.
He started to yawn.
Finally he got up, went to the grand hall
                                        and proclaimed his success.
The long-necked carcass wasn't moving anymore.
"I'll eat her for dinner just as I loved all of them in their stalls."

ЛИНЕЙКА

люди стоят шеренгой
бегут за иллюзией
зрители
кричат в отчаянье
суета
на зелёном поле
чёртик показал язык
и высморкался
на судью дня

LINE-UP

people standing in a row
are running after an illusion
spectators
are helplessly yelling
pandemonium
on a field the color of money
the devil sticks out his tongue
and blows his nose
on the judge of the day

ПРЕДСТАВЛЕНИЕ

1

Хлестал спешно-громыхающую лошадку,
украшенную бубенчиками. Подстриженная чёлка
и шерстяная, вычесанная грива. Трясёт на бегу
птичьем пером. Ресницы как ночь.
В ночь, когда цирк не спит огненными вздохами.

2

Один на вершине власти.
Другой идиот, не знает, кому не верить.
Легко брыкаться, когда все тебя хотят.
Ещё легче пластырем власти залепить рот.
Она должна выбрать между
собой в красном камзоле и собой сейчас.
Интуиция с оскалом крадётся через чёрный ход,
и оказывается в светлом зале.
Ослепительная природа.
Открыть дверь, где цвета исчезают.

3

В молчаливой пустоте
она сидит и ждёт,
когда рак на горе свистнет.

THE PERFORMANCE

1

He whipped a loud-rushing mare,
tricked with jingle bells. Her bangs were trimmed,
her wooly mane currycombed. She vibrates,
befeathered. Her lashes like night.
At night, in the sleepless circus, fiery sighs.

2

One person is firmly in control.
Another, idiotic, does not know who not to trust.
It's easy to kick people around when you are in high demand.
It's even easier to brick a mouth shut with your power.
She has to choose between
herself in a red camisole and herself in the moment.
Intuition, grimacing, creeps in through the back door
and finds itself in a well-lit room.
The blinding beauty of nature.
You should open the door where the colors dissolve.

3

In the silent emptiness
she is sitting and waiting
until pigs fly.

ПРЕДАННОСТЬ

Барышня застенчиво задрала подол.
Камзол пристроился за ней, приспустил штаны
И рукава засучил. Работа потная.
Проткнута тупым она штыком.
За матушкой российской стоит
Голубчик двухголовый. На флаге эмблема.
Хочешь не хочешь, ублажи бабу.

PATRIOTISM

The young lady coyly lifts her hem.
His soldier's overcoat falls behind her, he lowers his pants
And rolls up his sleeves. A sweaty job.
She is pierced by a blunt bayonet.
He is standing up for Mother Russia.
A double-headed darling. An emblem on a flag.
Like it or not, pleasure the woman.

В УГЛУ

В длинной ветхой рубахе сизый от злобы
С вытянутыми по-бабьи ногами
Лежит прохожий в грязном углу
Веник сирени надушен буфетными кренделькáми
Затекли ноги от зимней спячки
Но и весной не проснуться
Пропитавшись страхом жизнь стала старше

IN THE CORNER

In a long sweat-stained nightgown maudlin with grudges
His legs akimbo like a whore's
A pedestrian lies in a moldy corner
The smell of ragged lilacs and a fast-food pretzel
His feet numb from hibernation
He can't rise in spring
Horror has aged him early

НИЩЕТА

ящик под лежанкой
в ямке земляной
слепой полумрак
жидкая похлёбка
запах палёных волос
вываривают простыни
развешивают продубить
грохот белья на верёвке
флаги чистоты
в доме скудности

POVERTY

a box under a bed
in a hole in the dirt
a blind winter twilight
a watery stew
the spice of singed hair
they are boiling the sheets
stiff in the cold
they clack on the clotheslines
emblems of cleanliness
in houses of poverty

ИКОНА

Что ж, сыты ли мы?
Суп варить да мышей ловить.
Сшивать книги. Каменные горшки долбить.
Что ж, суеверны ли мы?
Научились богохульствовать. Врать.
Что ж, сырьё ли мы для иконы?
Чёрный квадрат в углу повис.
И молятся все скороговоркой. Лбом вниз.

ICON

Well, how full are we?
We cook soup and catch a rat.
We bind books. We chisel a stone pot.
Well, how god-fearing are we?
We learn to blaspheme. To fabricate.
Well, are we raw materials for an icon?
Black Square hangs on the wall.
Foreheads down, we all pray folderol.

БРОШЕННОЕ ЖИЛЬЁ

застонала лежанка опершись на пол
ночи напролёт на ней не ночевали
половик прохудился под её ногами
охнули книги лоб наморщили раскрыли рот
мысли мёртвых часов на стене спать не дают

ABANDONED PREMISES

the couch groans when pushing against on the floor night after
night nobody makes nookie now
the rug is worn through under the couch's feet
the books gape their mouths wide and furrow their brows from the
wall the dead clock's throughs keep everything awake

ЗАБОЛОЦКИЙ

1

Меркнут знаки в прытком поле
Всех Тургеневских элегий
Спит за шкафом в траектории
Вивисектор и владыка
Таракан мечтатель робкий
Из штанишек достаёт
Разум без души в разлуке
Идеалов мира сброд
Людоед у джентльмена
Не грызёт в печальный час
Вий на лугу хохочет
Торжеством встречая сласть

2

Ждал глоток пробуждения,
Но проспал жизнь за партой.
Ты долго спал?
Я на земле служил солдатом.
Я ел хлеб без масла и сапог варил.
Я маршировал без мыслей.
Я пел гимн.
Теперь я попрошайка.

3

не говори много слов их земным не слышно
просто вдыхай воздух и знай свою нищенскую нишу
рождённый в роще деревом станет
из него гроб собьют и с кривой душой тело засыпает

ZABOLOTSKY

1

All signs of Turgenev's elegies
Are fading in the quick field
Lord vivisector sleeps behind
A closet in a trajectory
Timid dreamer cockroach
Pulls out of his pants
A soulless mind away from home
A rabble of the world's ideals
A gentleman's cannibal doesn't
Gnaw in this gloomy hour
Viy guffaws in the meadow
Welcoming sweetness with triumph

2

Waited for a sip of waking
But slept through life behind a school desk.
Did you sleep long?
I was a soldier on earth.
Ate bread with no butter, boiled boots.
Marched with no thoughts.
Sang the anthem.
Now I'm a beggar.

3

don't talk too much, earthlings can't hear you
just breathe the air and know your beggarly niche
he who was born in a grove will become a tree
it will be made into a coffin as the body sleeps with a crooked soul

4

ночь ищет в глазах репу-луну
культурных девочек грубых
бес берёт палку в руку
смущение прячут в чрево

5

спит растерянный в калошах
однобокий лик судьбы
притча спит сопя в утробе
мошкара на чай летит
слышно табунам в угаре
жизни солнечный убыток
спит растение без ножек
дышит книга Каббала
и накручен на столетья
цифры буквы и судьба
раз-два-три вещий сон
спит дворец и спит топор
засыпаю будто в детстве
уткнувшись в подушки

6

луна надула щёки и смотрит с потолка
на тщетный день убогий на тощего щенка
на спящего ребёнка на мусор в подворотне
луна ласкает ступни приливу перед бурей
засни луна в тельняшке где полосато небо

7

А в конце выстрел
В канцелярии повестки
У кого-то смета
Человека стёрли

4

night looks for a turnip-moon
in the eyes of rough cult girls
devil picks up a stick
they hide their shame in the womb

5

the one-sided face of fate
sleeps confused in galoshes
the parable sleeps sniffling in the womb
flies fly to the tea
the solar decline of life
is heard by herds in hysterics
the plant sleeps without legs
the Kabbalah breathes
and a one-two-three prophetic dream
is coiled into centuries
numbers letters destiny
the palace sleeps and the hatchet sleeps
I fall asleep like a child
bury my face in pillows

6

the moon puffs out her cheeks and looks from the ceiling
at the useless wretched day at the skinny puppy
at the sleeping child at the trash in the alley
the moon caresses the feet of the tide before the storm
sleep, moon, in a striped-sky vest

7

And in the end, a shot
At the summons office
Someone has made an estimate
Someone has been erased

Коронация человеческого без короны
Крона дерева
За углом опилки
Отпели выпили забыли

8

Отлетели последние гайки
И шурупом не вкрутить мысль
Почему в простодушной фуфайке
Мне б себе самому изменить
Нет мелодии менее радостной
Чем молва пуританских племён
Когда венцом голова разукрашенная
Отрублена топором

9

шли братаны после жизни
по протоптанной отчизне
стыд с ножами рожь и ржачка
рожицы тянувших баржу
потаскухи сутенёры
долина корпусов выстроенной России
прокуроров трезвый говор
в пьяном городе Сурове
кто прошёл там стажировку
вышел и играет в спортлото

10

по седому садовому кольцу
обмытый святой столичной водкой
выходит на крыльцо воин окольцованный
на царской поляне разбросаны части плоти
уткнувшись гигантской головой
дремлют рядом с богатырём

Coronation of everything human without a crown
A tree crown
Sawdust around the corner
Buried toasted forgotten

8

The nuts came off
Can't screw a thought with a screw
Why not cheat on myself
In an ingenuous jersey?
No melody is less joyful
Than the gossip of Puritan tribes
When a head adorned with a crown
Is chopped off with an ax

9

and after life some bros were walking
down the well-trodden homeland
shame with knives rye and laughter
faces of the ones who pulled the barge
pimps and whores
valley of buildings of built-up Russia
sober conversation of prosecutors
in the drunken city of Surov
the one who interned there
went out to play the sports lottery

10

along the gray Garden Ring
washed with holy Stoli
a ringed warrior walks out onto the porch
pieces of flesh are strewn on the royal glade
giant head
napping next to the paladin

в угоду червей и стервятников
колокольчик тикает динь-динь

11

однако родина одна
заплаканное детство
блоха в заколках скачет
супрематический квадрат малевича
постулатами в глазах рябит
картины будущего дня
и родина уже другая
родной язык уже чужой язык
время забывает детский стыд
под одеялом танцует
буги-вуги мондриана
бродвейский стиль

12

меркнут мысли в тёмном танце
меркнет чешуи покров
цокотуха с волкодавом
груши с неба соберёт
будто лампочка повисла
в куполе на потолке
без предлога яга повесилась
ноги веют в темноте
меркнут пузыри из мыла
измотанной судьбы
овёс ест кобыла
на пригорке бес танцует
листья разъярив метлой

to please the worms and the vultures
a bell ticking ding-ding

11

however there is only one homeland
a childhood full of tears
a flea with hairpins hopping
Malevich's suprematist square
blinds the eye with postulates
pictures of future days
and the homeland is already different
mother tongue becomes foreign tongue
time forgets childhood shame
dances under the covers
boogie woogie mondrian
Broadway style

12

thoughts in a dark dance fade
a scaly cover fades
sprightly fly and wolfhound
gather pears into the sky
as if a lightbulb hung
on the ceiling in a dome
Yaga hung herself with no excuse
legs are blowing in the dark
soap bubbles of rundown fate fade
a mare eats oats
a demon dances on a hill
driving leaves into a rage
with his broom

КАРТА ЛИЦА

1

Игра в шахматы. Доминанты. В доску пьяный
                                проходит в дамки.
«Где дрязг или хряск ласки?» На снимке
                                ты подвернул джинсы.
Бекдроп, и на зелёном фоне бюргер
                                и хот-дог крупным планом.
Доги-стайл моим нравом. «Ты просто бы звала меня Ивано».
Ветер клюёт время. Здесь безвремений
                                языка жижица.
И на продавленном диване богу поэзии
                                земные премии пишутся.
Ну теперь к делу. Розовые колготки на голеньком теле.

2

Милая нахожусь я в заключении собственного тела
Тела собственного собственно говоря
Или кислотные дожди земли меня проели
Или кожаная куртка земляничного цвета надета на меня
Или жизнь взбеленившись на солнце
Вешает веки вязких слезливых глаз
Или прозрение пасьянс раскладывает
Или придурковатости тревожат занавеску
Утренней мышиной вознёй

3

Я хочу заплести косички и
накормить тебя из ложечки пирожным с малиной.
Твоя байковая кофточка и шёлковый свитер,
когда щекой касаешься, то нежно.

THE MAP OF A FACE

1

A game of chess. Domination. The drunk pawn passes,
                                        becomes a queen.
"Where is the brunt or grunt of tenderness?" In the photo
                                    you had rolled up your jeans.
A backdrop, and on a green background a burger
                                    and a hot dog in close-up.
Doggy style with my nature. "I wish you'd just call me Ivano."
The wind is pecking at time. Here is the muck
                                      of timeless language.
And on a sagging sofa, earthly awards are written
                                    for the god of poetry.
All right, down to business. Pink tights on a naked body.

2

Honey I'm imprisoned in my own body
My own body properly speaking
Or the acid rains of this earth have corroded me
Or I wear a strawberry-colored leather jacket
Or life gone berserk in sunlight
Hangs up the lids of gooey tearful eyes
Or epiphany plays solitaire
Or the curtain is disturbed by the mousy
Morning fuss of foolishness

3

I want to braid your hair and
spoon-feed you raspberry cake.
Your flannel blouse and silk sweater
so gentle when touched by my cheek.

И я всегда нервничала, что ты убежишь и я не успею
одеться и собраться. Всегда переспрашивала.
Как ты мне намазал булку маслом. Я помню.
Как мы пошли в магазин есть вишни, и ты давал
сдачу, спрятав вишни в карман.
Кругленькие грязненькие косточки.
Помню, ты купил мне пирожное не то,
что я хотела, — на твой вкус.
Помню, как шёл дождь и ты не хотел,
чтобы я курила, и повёл меня
в аптеку. Показывал книгу Сосноры.
И как в страшный холод у тебя текли слёзы.
Я скучаю по нам. По поэзии.
Я вспомнила, как я тебя любила.

4

Бог жив. Бог умер.
Приболел, быть мож?
Или рассудок потерял.
Или стальной, как дождь
угрюмый, уставшее сердце,
слезливый рай. Может, в песок
тело засасывает
и смешивает с кутерьмой.
Развеется, как страх, как ябеды,
обиды и победы. Не ной.
И не останется ни памяти
на память... о чём же речь?
Я не могу понять. Тик-так часики.

5

карта неба и карта лица
пятками безразличия звёзды мнут виноград
танцуют на древних вазах

And I always worried you'd run off and I wouldn't have time
to get dressed and get ready. I always asked you several times.
How you buttered my roll. I remember.
How we went to the store to eat cherries and you gave
change while hiding cherries in your pocket.
Round dirty pits.
I remember you bought me a cake
to your taste—not the one I wanted.
I remember how it rained and you didn't want me
to smoke and took me to the pharmacy.
You showed me a book by Sosnora.
I remember your tears in a brutal cold.
I miss us. I miss poetry.
I've remembered how much I loved you.

4

God is alive. God is dead.
Maybe he's unwell?
Or lost his mind.
Or he's as steel as rain,
sullen, tired heart,
weepy paradise. Maybe he sucks
a body into sand
and mixes it with shenanigans.
This will wash off like fear, like snitches,
insults and triumphs. Don't whine.
And not a single memory will remain
in memory... so what are we talking about?
I can't figure it out. Tick-tock goes the clock.

5

the map of the sky and the map of a face
the stars are crushing the grapes with indifferent heels
they dance on ancient vases

глоток вселенной я пью в опьянении
нервной рукой сорвал ветер тоску с моих глаз
ты любишь и в театре любви есть ты
играет на арфе созвездие голой кошки
и граффити окликает твоё имя

6

— Спроси кого-нибудь...
— Другого?
Мне всё равно кого. Но я не я.
— Я весь иссяк.
В книгах нет живых мечтаний.
— Я не мечусь. Я прозябаю.
— Обнимаю. Ищи в туннеле черноты...
—...ищу твои черты лица. Запамятовал,
как это было.
По кисти шмякнул руку ты,
будто мошкара мешает,
когда смотрел ты на картинки.
— Ты не вернёшься?
— Я вернусь.
— Тогда глотай де-каф, ешь омлет
с грибами, с помидором.
— Сыр?
— Швейцарский сыр на завтрак.
И я боюсь. Но больше есть
боязнь быть без тебя.
Хочу залезть за шиворот.
Под футболку. Целовать слова.
— Дождит.
В автобусе на перекрёстке суета.

inebriate I sip the universe
the wind tore the angst off my eyes with a nervous hand
you love and you are present in love's theater
the constellation of the naked cat plays the harp
and graffiti calls you by name

6

— Ask somebody...
— Somebody else?
I don't care who. But I'm not me.
— I'm all spent.
There are no living daydreams in books.
— I don't rush around. I linger on.
— Toodles. Look in tunnels of blackness...
—...I'm looking for your features. I've forgotten
how it was.
You smacked your hand on your wrist,
as though fruit flies were bugging you,
when you looked at the pictures.
— You're not coming back?
— I'll come back.
— Then gulp decaf, eat an omelet
with mushrooms, with tomatoes.
— Cheese?
— Swiss cheese for breakfast.
And I'm scared. But it's scarier
to be without you.
I want to put my hand under your collar.
Under your T-shirt. To kiss your words.
— It's raining.
The bus at the crossroads is bustling.

7

любовь это маленький мальчик
в пижаме на шарик глядит
крутится вертится странник
абсурд шансонье
любовь это снежный шарик
слепил и заигрался в снежки

8

она надувная блондинистая кукла
ест мороженное взахлёб
кусачая сучка
в бледно-розовом сбалансирована
а он мальчишка на побегушках
моложе на десять или девять лет
кто же считает
часики веселья
шампанское шуршит на удешевлённых вельветах
я учусь проглатывая буквы взахлёб

9

запах клубники твоего тела был везде
я прикоснулась к зыбкому и случайному
сквозили движения острого языка
костюмчик белой шерсти показался почти телесным
я ворочалась в утренней постели
ощущение бессмертного демона
напяливал на себя он мерзкую девочку
я руками цеплялась за воздух

7

love is a little boy
in pajamas watching a balloon
the nomad spins and spins
an absurd crooner
love is a snowball
the game got out of hand

8

she is a blonde blowup doll
binges on ice cream
the bitch can bite
pale pink well-balanced
he is an errand boy
ten or nine years younger
who's counting
the hours of merriment
champagne crackles on discounted velvets
I learn by furiously swallowing the letters

9

the strawberry smell of your body was everywhere
I touched the fickle and the random
one could sense the movements of a sharp tongue
the white woolen suit seemed almost corporeal
I tossed and turned in my morning bed
sensing an immortal demon
putting on a disgusting girl like a piece of clothing
I grasped the air with my hands

ОЙ!

Антону Яковлеву

в толпе
вот здесь напротив где-то здесь
поэт кричал рыдал рычал сжигал
свои листы
священные фрагменты
соединяющие вас
и нас

листы горели

холодный пламень осени
о синь
дымка́ прохладного в прозрачном небе
вот здесь
на улице
на площади
меж нас
он жёг
свои листы свои слова

слова сливались в вой
попробуй нас на вкус
НАС

нас от рассвета до заката
работа робота забота
забыто здание завода
вас осознание зевота
тоска рыдание и рвота

OUCH!

To Anton Yakovlev

here in the crowd
right here across from here
the poet screamed sobbed growled roared burned
his papers
his sacred fragments
linking you
and us

the papers burned

cold flame of autumn
blue
a light cool smoke in the clear sky
right here
out in the street
out in the square
between us
he burned
his papers burned his words

the words merged into howling
taste us
TASTE

us from dawn to dusk
work a robot's worry
factory forgotten
knowing you is yawning
anguished sob and vomit

налогов и доходов квота
вас сытых мытых и забытых
вас чисто выбритых поетых
он вереницей слов избитых
к нам воззовёт

поэт ревёт
поэт рыдает
молча жжёт
листы открытые ладони
обрывки мысли

взвизг нельзя
вас вой не смей

поэт и в Бога душу мать
плевать

он в основном молчит не внемлет
поэт по горло втоптан в землю
толпа галдит и не приемлет
его горения
туши́

туши́ горящий крик души́
толпа
ревущая и ржущая
толпа сосущая и ссущая
топя и вещее и сущее
орёт туши́

tax and income quota
you well-fed forgotten
you clean-shaven eaten
with weathered words
he will call out to us

the poet roars
the poet sobs
silently burns
his papers open palms
pieces of thought

don't squeal
don't dare to howl

poet don't dare
to spit at God soul mother

mostly he's silent won't react
trampled neck-deep into the ground
the crowd is howling won't accept
his conflagration
put it out

put out the screaming burning soul
the crowd that wails
the crowd that neighs
the crowd that sucks the crowd that pisses
drowning the portents and the essence
the crowd screams put it out

я видел крик поэта в листьях
в листах горящих белым дымом
лицо разорвано улыбкой
толпа проходит молча мимо

я наблюдал поэта руки
из коих вырывались звуки
ладоней двух раскрыта книга

пылают буквы
мимо мимо

и листьев падаль
творче поделись

вотще
огонь его души
уходит в пепел
холодный
словно вы

I saw the poet screaming in the leaves
in papers burning with white smoke his face
ripped by a smile
the crowd walked by in silence

I watched the poet's hands
burst into sound
the book of his two palms thrown open wide

letters aflame
and rushing rushing by

the carrion of leaves
share it creator

no use
the fire of his soul
has gone to ash
as cold
as you

ОБЛОМКИ

ИАБ

1

Я стояла на углу и глядела на афишу.
Так смотрит Скупой Рыцарь в свой сундук.
Я смотрела на небо. И небо было выше Всевышнего.
Тяжесть поцелуев на запястье Маргариты.
Время Сатаны. Время брачной ночи.
Время чёрствой черноты.

2

хоронишь деревянные обломки истории
камня на камне не оставляешь

3

со всех сторон мёрзлое стекло
смотрят заледеневшие ставни вовнутрь
глухой звон трамвая
в одежде весны выносят кого-то из церкви
радужные похороны за окном

4

подгнивших чувств густая боль
глаза закрываю и вижу пыль
дорога вся в крапиве
дырявые ботинки

5

монастырь халатных чеканных лиц
под надгробным небом
вздох трущобы
в гравированном городском мире

INS AND OUTS

To JB

1

I stood on a corner and stared at a billboard
The way the Miserly Knight stares into his chest.
I stared at the sky. And the sky was higher than the Almighty.
The weight of kisses on Margarita's wrist.
The time of Satan. The time of the wedding night.
The time of callous blackness.

2

when you are burying the wooden wreckage of history
no stone will be left upon a stone

3

on all sides frosted-over glass
frigid shutters look inward
a trolley's muted bell is ringing
they are carrying someone in spring clothes out of a parish church
outside the window a rainbow funeral

4

putrescent sentiments thick ache
I shut my eyes and see powder
a path with thistles everywhere
and my boots are full of holes

5

a hermitage of impassive profiled faces
under a tombstone sky
the sigh of a shantytown
in etched urban world

отравленном воплями
проститутка шёлкового пути
глядит на февраль

6

в комнате вялой сирени
хлебные шарики
раздражают хозяйку
съёжившись и не моргая
глядит — девица-лягушка
жёлтые глаза и большой рот
перекос загорелого лица
золотит ладони
куриный помёт
так мёртвые умирают
так живые живут

7

в охапку захватывая воздух
процеживая время
в сердце смерть колотится
телесное безвременье
глухие звуки кричат краской
которой красят дома
домовой в каске
будто кассир у ворот

8

ремонт истерической одежды
морщины
изношенного лица
зияют дыры
открытыми глазами
швы жилы нитки

poisoned wails
a prostitute of the Silk Road
gapes at February

6

in the room of wilting lilacs
balls made of bread
annoy the matron
cowering but unblinking
a girl, half frog, is gaping
with yellow eyes and a gummy mouth
in her lopsided sunburnt face
her palms up and greedy
chicken shit as payment
thus the dead die
thus the living go on living

7

clasping an expanse of air
sifting time
death in his chest is a too fast beat
bodily breathing room
muted sounds are shouting shades
that will be used to paint a house
a ghast in a casque
like a ticket-taker at the gate

8

refurbishing hysterical clothes
creases
distressed face
holes gaping
stare like eyes
thread veins seams

пугливая шелковистость
поношенный уют

9

заношенная школьная форма
классовая борьба и классная работа
подбатрачил и достиг места назначения
чертёж и окурок на столе
пузырёк воздуха в уровне
проводят параллельные тополя

10

на большой станции поезд стоял сутками
потом уходил в степь говорить с птицами
где люди в поле трогали рожь
и приживали обиды на краю припухших губ реки
где ликовал прохладный свет дымчатый
будто нищий руку протягивал
солнце протягивало лучи к земле
будило оголённого перед смертью
в молчаливой жестокости привокзальной пустоты

11

изба-читальня заросла паутиной
книги скучают в плесени
она перепугана
хочет быть хоть какой-то утварью
боится остаться никем
где преклонить голову
когда лишён самого близкого
становишься нарочно как бы угодливой

skittish texture
worn-out comfort

9

a shabby school uniform
class conflict and classroom lessons
an assignment to an obscure destination
a blueprint and a cigarette butt on the table
the bubble in the engineer's level
is planting parallel poplars

10

the train waited at a major station for days
then went to talk to the birds in the steppes
where people in fields touched rye
and held grievances on the swollen lips of the river
and where cool smoky light rejoiced
like a beggar stretching out his hand
the sun stretched its beams toward the earth
awakening the naked before their death
in the wordless cruelty of the vacant station

11

cobwebs have occupied the reading room
in mold the books are bored
that's what frightens her
she wishes she were at least a utensil
and is afraid of being nothing,
"Whom can I lean on
now that my darling has gone away?
I purposely make myself subservient."

12

пиздец золотым кастрюлям
коллекции нумерованных ножей
свадебной глиняной посуде
мельхиору привезённому из Украины
вспомни дырявые простыни
и полысевшее полотенце
что как банный лист жило
рядом с умывальником

12

goodbye to the precious pans
to sets of limited-edition knives
to wedding pottery
to Ukrainian silverware
remember the torn sheets
and a balding towel
stuck like toothpaste
next to the washbasin

НОЧЬ

Там где камыши спят
Где кукушка поёт
В крапинку подкидыш-яйцо
В сплетённое гнездо кладёт
Что сказала
То и пожелала
Песня колыбельная тоскует
Из часов кукушка на стене кукует

NIGHT

Out where the cattails sleep
Where the cuckoo sings
Throwing her speckled egg
Into the woven nest
What I said
Was exactly what I wished for
A lullaby languishes
The clock cuckoo warbles on the wall

МОЛВА

услышала о себе
будто крупу перебирают на клеёнке
петухи на заборе кукареку
мужички в панамках забивают козла
бабки семечки лузгают на крыльце
пионерка в порванных колготках
позавчера кузнецу дала
во дворе пахнет селёдкой
натаскали склок дворовые псы
забыв чужих гнать со двора
гоняются за собственными хвостами

RUMORS

I hear them talk about me
as though they're sorting grain on a tablecloth
roosters crow on a fence
local dudes play dominoes
old women on the porch nibble on sunflower seeds
a pioneer in ripped pantyhose
let the blacksmith fuck her the other day
the yard smells like herring
dogs have had it with fighting
forgetting to drive strangers from the yard
they chase their own tails

ПРОДУКТЫ

Отторговал мясник мозгами скота. Оптом.
«Уменьшите забой бычков в обществе».
Рабочий человек, к безделью привыкший,
посвежел лицом, ноздри наизнанку.
В мясокомбинате деньги
молчаливо выжимают. Мясорубка.
Курей студенческих перепродают.
Синие крылья советов. Пернатые друзья.

GROCERIES

The butcher sold the cattle brains. In bulk.
"Reduce the slaughter of calves in society."
The working man, accustomed to idleness,
freshened up his face, nostrils inside out.
At the meatpacking plant
they quietly squeeze you for money. Meat grinder.
KFC student-discounted wings resold at premium price.
Blue soviet wings. Feathered friends.

ПОМИНКИ

Снизу затопляя всё гуще красной ордой
Смерть смешанная с бесцельной жизнью
Смешна как важное торжество похорон
Вольная песня далёких подобий
Где-то переговариваются сосны
Служба идёт
И дрова трещат в топке
И бабки в грубых шубах
И мужики с красными носами в ожидании водки и ветчины
Помянуть отбывшего почётного сорняка

THE WAKE

Flooding everything with thicker and thicker red
Death mixed with aimless life is as ludicrous
As a pompous funeral ceremony
A freewheeling song of distant likenesses
Somewhere the pines are talking to each other
The mass goes on
The wood crackles in the furnace
Old women in coarse fur coats
And red-nosed men are waiting for vodka and ham
To commemorate the departed illustrious weed

НИКОЛАЙ НИКОЛАЕВИЧ

академик-вегетарианец
предлагает пролетариату в пробирку
он науку продвигает семя-мильными шагами
он мясо получает по карточке
зарплату в анус спускает царь науки
бритва это утром при жене
а днём научный работник
лабораторными балуясь делами
на пол живчиков стряхивает
племя будущих полков пламенных

NIKOLAY NIKOLAEVICH

a vegetarian academic
jerks off his sperm into a test tube
advances science by seed-mile steps
trades his food stamps for meat
the tsar of science shits his salary away
a razorblade in the morning before his wife
during the day the scientist
dabbling in laboratory projects
shakes off live specimens onto the floor
a tribe of future fiery regiments

ЖИЗНЬ

Будь здоров нежная голенькая кошка
Пусть гений твой живёт
Меня обидел ты
Ну и что
Я хочу тебя
Поэзия и в жизни и в постели
Открывает сердце и свободу
Дышу тобой
Целую земные небеса
Любимый мой
Скрипи пером не зубами
Твои слова озарят быт
Раскинув руки и в сирени утопая
Я чувствую прикосновение твоих губ

LIFE

Bless you tender nude cat
Long live your genius
You've hurt me
So what
I want you
Poetry in life poetry in bed
Opens heart and freedom
I breath you
I kiss the earthly skies
My love
Grind your pen not your teeth
Your words brighten daily life
Hands outstretched and drowning in lilacs
I feel the touch of your lips

СОВРЕМЕННЫЕ СКРИЖАЛИ

MODERN SCRIPTURES

КАТУШКА

сквозь щёлку кладовки смотрит красный крепдешин
платья обнимают плечики в густой ночи
плач ребёнка не доносится из темноты детской спальни
игрушечные табуны животных там скучают
время намотало годы на катушку
ребёнок вырос но не вырос ты
и в темноте лежишь с плюшевой игрушкой

BOBBIN

crimson crepe du Chine peaks through the cracked closet door
dresses hug hangers in dense darkness
an infant's wail does not escape the nursery
herds of stuffed animals are bored in there
time has wound the years on a bobbin
the children have grown up but you have not
lying in the dark with a plush toy

ИЗ ОКНА

косматое лицо подсолнуха
уткнулось в небо
семечки в сорок насекомых глаз
впились взглядом в сухой солнечный воздух
ветер-проходимец тревожит зелёные волосы листвы

OUT OF THE WINDOW

the haloed face of a sunflower
buries itself in the sky
its seeds like forty insect eyes
drank in with a glare the arid sunny air
a vagabond wind tousles the green hair of the leaves

ВАЗА

подслушал языческую музыку
колокольный танец
голые ноги мнут виноград
голые ноты
глотают боги вино
и земные засыпают жильцы

VASE

eavesdropping on polytheistic music
the bell dance
nude feet crushing grapes
nude notes
the gods gulp wine
and the earth's tenants doze off

ЖАРА

день из мельчайших долек саранчи
по небу стекает туча
наполненная вежливым временем
голое тело земли
отдыхает от преизбытка плодов
загорелая девочка с потрескавшейся кожей
и солнечная пыль посланная ветром

HEAT WAVE

daytime is made up of little locust wedges
a raincloud full of genteel time
slides off the edge of the sky
bare flesh of the earth
is resting after summer gluttony
a girl so tan her skin is cracking
and solar dust blown in by the wind

МЕТ: СЮР-ЗАЛ

Завтра не наступит никогда
(Катрин Сейдж, 1955)

рыбы завёрнуты в полиэтилен
будто их вялят на вертеле
каждая в футляре
как статуя в лесах стройки
своим серым взглядом
сидит в печёнках

Гала Элюар
(Макс Эрнст, 1924)

папирус надбровной дуги
глаза на лице застряли
медузы деньги летающие тарелки
на лимонном песке снов
накипевшее жизни
куриный бульон
всё что осталось от мыслей

Автопортрет
(Леонора Каррингтон, 1937)

грива дикой гиены
грива дикой наездницы
она сидит на краю стула
игрушечная лошадка
раскачивается в небесах
в золотистой раме
белая лошадь в поле одна
грива гиены
многогрудое испуганное существо

MET: SURREALISM HALL

Tomorrow is Never
(Kay Sage, 1955)

fish rolled up in plastic
as if they were being smoked on a spit
each in its case of scaffolding
like a statue at a construction site
with its gray gaze
gets under your skin

Gala Eluard
(Max Ernst, 1924)

papyrus eyebrows
eyes stalled on the face
jellyfish coins flying saucers
on the lemon-colored sand of dreams
simmering life
like chicken soup
is all that is left of thought

Self Portrait
(Leonora Carrington, 1937)

a hyena's wild mane
the rider's wild mane
she is mounted on the edge of a chair
a rocking horse
is swaying in the sky
a white horse alone in a field
inside golden curtains
the mane of a hyena
frightened and multimammia

ПО ТЕЧЕНИЮ

как изменяемся мы за время жизни
изъятые из тела женщины
вычтенные из идиллии напевов
вытолкнутые в людской мир
крик раздвигает ночную тишину
мы ползём по ковру за погремушкой
бежим по пустякам на улицу
и чистая душа мечтания без боли
черствеет и глупеет день ото дня
мы становимся глухими торговцами
и властвуем со зла
ты мать своих детей
дети молчат в своих страданиях
взрослый человек им грозит
и чёрствые частицы мироздания
вдребезги разбивают жизненный уют
на пьедестале нет сострадания
господин ада грызёт грязные ногти

WITH THE FLOW

here's how we change in life
extracted from a woman's body
subtracted from the idyllic melody
cast into the human world
a cry divides night's silence
we crawl on the carpet to grab a rattle
we dash to the street for a trifle
and the carefree dream's unsmirched soul
turns stale and stupid day after day
we become deaf merchants
and practice evil
now you are the mother of children
children silent in their suffering
an adult utters threats
and the cosmos' insipid bits
pulverize the comfort of life
there is no compassion on the pedestal
hell's first gentleman bites his dirty nails

ВИДЕНИЕ В МЕТРО

1

Манометр показывает тринадцать атмосфер.
Метроном отстукивает своё тик-так в метро.
Одиннадцать апостолов за столом. Один на пороге.
Римские воины смотрят на вакханалию новой веры.
Кто указал перстом на этого еврея?
Его верный друг в овчинке.

2

Бусы с кошёлками шебуршатся.
Мёртвые души в душегубке.
Телефоны отчаянья заглушили жизнь.
Действуют по правилам, чтобы задушить соседа.

VISION ON THE SUBWAY

1

The pressure gauge reads thirteen kilopascals.
The metronome tik-toks in the subway station.
Eleven apostles at the table. One more in the doorway.
Roman soldiers appraise the bacchanalia of a novel faith.
Who is pointing his finger at this Jew?
A best friend in sheep's clothing.

2

A pearl choker flirts with a fat wallet.
Dead souls in a dense breathlessness.
Despairing phones are suffocating life.
Girls play by the rules to strangle the person next to them.

ПУТЬ ОБРАТНО

1

Васильки вплотную подходят к стенам.
Прохладный дом холодного электричества.

2

Куб комнаты.
Глаза мертвецов.

3

В зале, где люди ждут приговора,
залпом можно увидеть жизнь.
Одурманенная власть.
Прокурор и судья играют жребием жизни.
«Как идти дальше по коридору справедливости?» —
                                      спросил обречённый.
«Иди туда, куда глаза не глядят», — ответил прокурор.
«Не оборачивайся на жизнь свою умалишенную.
                              Дети будут твои», —
добавил судья.

4

Смеются присяжные в истоме.
Сквозняк поднимает ртуть.

ALL THE WAY BACK

1

Bluebells bloom beside a wall.
Chill electric light in a cold house

2

A cube-shaped room.
The dead's orbed eyes.

3

In the hall awaiting the verdict
they take in all life with a single gulp
Power intoxicates.
Judge and prosecutor roll the dice of destiny.
"How do I make my way in the corridors of justice?"
                                                asks the doomed.
"Go where your eyes don't look," the prosecutor replies.
"Don't look back at your past madness.
                            Your children will be with you again,"
adds the judge

4

The jury belly-laughs.
A hot breeze ups the mercury.

В ПУСТЫНЕ

1

верблюжьи думы
спятил с ума всадник
шаги по песку слюнявого
пустыня в белой горячке
идёт караван
жёлтая шерсть
солнце
жёлтый глаз Египта
переспала с вечностью

2

— Что за груз у тебя? — спросил бессмертник.
— Груз мой — нести на горбу вселенную и дать тебе воду,
— чтобы ты не жил вечно.

IN THE DESERT

1

dromedary thoughts
the rider goes nuts
steps on the slimy sand
the desert has delirium tremens
the caravan keeps moving
a yellow yawn
the sun
the yellow eye of Egypt
has slept with eternity

2

"What load are you carrying?" asked the Immortal.
"My burden is to carry the cosmos on a hump and give you water so that you no longer live forever."

ДЕВУШКА ПЛАЧЕТ

как отдаётся бренная река
тому о чём берега не знают
мечтает в сумерках чердак
ветер колыбельную ему напевает
мужчина подошёл к реке
увидел девушку ветров вечерних
она одета в кружева рассвета
и разговаривает с камышами

WEEPING VIRGIN

in the same way as the river surrenders itself
to what the shores don't know about
the attic is dreaming at dusk
the wind sings him a lullaby
a man walks up to the river
sees a maiden of evening wind
adorned in the lace of dawn
and she is talking to the cattails

ДОБРОЕ УТРО

Трое над горизонтом.
Треугольная борода.
Добрый день, месье Курбе.
В узелке будущее.
Красота времени.
На другой картине две фигуры.
Ну а третий — ты сам, зритель.
Доброе утро, господин Гоген.

BONJOUR, MONSIEUR...

Three men above the horizon.
A triangular beard.
Bonjour, Monsieur Courbet.
The future is in that backpack.
The beauty of the time.
In another painting there are two figures
And the third is you yourself, the viewer.
Bonjour, Monsieur Gauguin.

ОЧНИСЬ

Достоинство твоё сгинуло.
Зелёно-синяя, я выползла
В обмотках клеветы.
Чтобы ни один не позарился.
Если мне кто понравится, буду пятиться.
Буду бояться тепла и ласки.
Базарная баба, ты добавил сплетен.
Да не очнёшься ты от своих побед!
Да захлебнёшься от своей потехи!
Ты расплескал семейную похлёбку.
Накормил любимых жестокостью.
И они застыли, оцепеневшие, в неволе.
Любуйся на свою цепную злость.

WAKE UP

Your dignity has hit the road.
Black-and-blue, I made it out
wrapped in slander
so that no one would hit on me.
Even if someone seems hot, I will back off.
I will dread sweet talk and affection.
A lady of libel, you add more scandal.
Don't you wake up from your triumphs!
Don't you gag on your travesty!
You slop the family stew all over.
You force-feed your loved ones cruelty,
and they turn gelatinous in captivity.
You must admire the chain-reaction of your rancor.

НАСЕКОМЫЕ МЫСЛИ

маленькие буквы
будто вши на белой простыне
разбегаются чёткими шажками
насекомые подслушивают
мысли человека
на поверхности черепа
кровопийцы обитатели волос

INSECT THOUGHTS

lowercase letters
like lice on a white sheet
scatter with rhythmic little steps
insects on the skull's
surface are eavesdropping
on human thoughts
bloodsuckers hair-lurkers

ТИШИНА

граница между жарой и сном
вписанная в глиняный стон
обветренными губами в книге бродит
буквы бумагу целуют
и плоским телом
под обложкой умрут

THE QUIET

the border between heat and sleep
inscribed in a clay sigh
chapped lips wander through a book
letters kiss paper
and their flat bodies
will die between the covers

СЦЕНА

шут на сцене
по пояс в землянке
принц произносит монолог
шут в маске
трагический гладиатор
его горб стервозная сатира
шут пьёт кровь из солнечного сплетения
тряпьё на нём краше бального платья
вынимает печаль из серости дня

MISE-EN-SCENE

a jester on stage
is waist-deep in a pit
the prince is soliloquizing
the jester like a tragic
gladiator has a mask on
his hunched back is nasty satire
the jester sucks blood from the solar plexus,
his rags more gorgeous than a ball gown
he excises the sorrow of the gray of the day

МУЗЕЙ

Андрею Грицману

Опешил во тьме коллекционер насекомых.
Морщины расцвели между глаз.
Монарха подкололи на бархат,
подвесили в музее.
И ещё одного. И ещё.
Коллекция святых.
Глядят дети на крылышки через окно.

MUSEUM

To Andrey Gritsman

The lepidopterist is startled in the dimness.
Wrinkles blossom around his eyes.
He pins a monarch to velvet
in a museum display.
And another one. And another.
A pageant of saints.
Children look at their wings through glass.

МАСКАРАД

под маской лицо
маскарад смерти
белёсый занавес
над глазами повис
марионетка за кулисами спит
я не знала что маскарад
это лицо под маской
на сцене идёт снег
в занудной томности
углы не обострённые
закруглённые и туповатые
мраморная грация
отравила зрителя

MASQUERADE

a mask over a face
death's masquerade
a whitish curtain
hangs over the eyes
backstage a puppet asleep
I didn't know that a masquerade
is a face under a mask
it's snowing on stage
a tedious mystery
no sharp corners
but round and obtuse
a marble grace
poisons the audience

MET: ЭКСПОНАТЫ

Between Earth and Heaven
(El Anatsui, Africa, 2006)

золотистые фантики
kente спрессованный текстиль
кружево крышек из-под бутылок
африканский металлический шёлк
между землёй и раем
дребезжит одеяло сновидений

Labret, Serpent with Articulated Tongue
(Mexico, Aztec, 13th–16th century)

змей — губная серьга
с раздвоенным
покачивающимся языком
церемониальная цацка
империи ацтеков
и золотое пламя войны

Seated Figure
(Las Bocas, Mexico, 12th–19th century)

голый мексиканский пупсик Будда
обгладывает палец
в открытом черепе
география мозга
кровавым солнцем плачет
растопыренные ноги младенца
пигмент орфической цацки

MET: EXHIBITS

Between Earth and Heaven
(El Anatsui, Africa, 2006)

golden candy wrappers
a kente pressed textile
lace bottle caps
african metallic silk
between earth and paradise
the blanket of dreams rattles

Labret, Serpent with Articulated Tongue
(Mexico, Aztec, 13th–16th century)

a snake-shaped lip-piercing
with a forked
vibrating tongue
a ceremonial totem
in the empire of the aztecs
and the golden flame of war

Seated Figure
(Las Bocas, Mexico, 12th–19th century)

a naked mexican buddha baby doll
gums his finger
in an open cerebrum
brain topography
the sun weeps blood
an infant's spread legs
orphic pigment

ДЕНЬ В КЛЮВЕ

счастливая огромная страна
хищная птица с тонкими рёбрами
держит в клюве день
день заметает следы
этим двоим в другую сторону
против ветра пешком
теряя друг друга в сумерках
огромная птица исчезла
малодушие жизни
не разглядело её летящую

A DAY IN THE BEAK

a happy huge country
a bird of prey with thin ribs
keeps the day in her beak
the day sweeps over footprints
but these two are going the other way
against the wind on foot
losing each other at dusk
the huge bird has disappeared
cowardly life
did not see her flying

БЕЗУМЦА МИФ

Аарону Пучигияну

Так жизнь листает пожелтевшие страницы
Как хлопковое платье пожелтевшее в шкафу
Лица детей застыли в памяти неопрятной
И бред стоит жуя жвачку глазея в темноту
Кого любил я уже стали мифом
Как фрески на стенах античных зданий
Как фиолетовая улыбка неба грозы в погребе
Сырые знания безумца сложены в мешок
                        ежедневного позора

MADMAN'S LORE

To Aaron Poochigian

Life turns its yellowed pages like
A cotton dress aging in the closet
Children's faces are frozen in disheveled memory
And Delirium chews gum as it stares into the darkness
Those I loved have already become a myth
Like frescoes on the walls of ancient buildings
Like the purple smile of a thunderstorm sky in a cellar
The madman's raw lore is bagged along
                                   with daily shame

У КАМИНА

Он глядит в тощий огонёк.
Свет облокотился на незрячее сердце.
Снежные смерчи в городских подворотнях.
Небо гаснет в тумане.
Улицы царапают город, как незримые когти.
Мышь шуршит на помойке, и ветер воет.
Ночь, блуждающая на ощупь.

BY THE FIREPLACE

He looks into the skinny fire.
Light leans on the blind heart.
Snow swirls in civic gateways
And the sky dims into mist.
The streets scratch the city like invisible claws.
The mouse rustles in the garbage and the wind howls.
Night wandering by touch.

НЫТЬЁ

NAGGING

ЗАМУЖЕСТВО СМЕРТИ

землекопы роют
крот ведёт Дюймовочку
лабиринт освещён её глазами
и во тьме всё так видно чётко
как в жизни не бывает
но она уже под землёй
и темнота не даст ей уснуть

MARRIAGE OF DEATH

diggers dig
the mole leads off Thumbelina
the maze is lit up by her eyes
everything is so clear in that darkness
it's not like life
but she is already underground
and the darkness will not let her sleep

«THE MILTON»

1

так по-разному звучат ноты в гамме
в гамаке качаются улыбки
с такой точностью как сюжет фильма noire
немой смысл бежит кадрами
кадры разбегаются из высоких зданий
отработанный день
отработанный материал

2

долька лимона пожелтела
как белая рубашка в шкафу

3

Heinz tomato ketchup 57
узкая бутылка с томатным соусом
американская классика на столе
шедевр томатного ширпотреба стадом на холсте
приправа в сотовых ячейках

"THE MILTON"

1

each of them sounds so different, the hummed notes
in a hammock a mimic smile is swinging
with the same precision as a film noir frame-job
frame by frame, silent meaning is spooling smoothly
smooth characters scatter out of tall buildings
wasted day
waste matter

2

the lemon slice yellowed
like a linen shirt aging in the closet

3

Heinz 57 ketchup
a narrow bottle full of tomato sauce
an American classic on the table
a staple of tomato mass production in bulk on the canvas
savory in honeycomb

СТРОЙКА

из грязной спецухи торчит голова
в пластиковой красно-выцветшей каске
сморщенная шея из ключиц
в глухих глазах яростная брань
острый нос наискось
крепкий запах протухших сигарет
подъёмный кран спит
между небоскрёбом и лачугой

CONSTRUCTION SITE

beneath a red plastic helmet
a head protrudes from dirty overalls
a wrinkled neck above collarbone
passionate cursing in deaf eyes
a pointy nose askew
a strong stale-cigarette smell
the crane is asleep
between the skyscraper and the shack

УБИЙСТВО

Избиение не убийство.
Кто заплатит, будет прав.

Адвокат заглатывает кошелёк по часам.
Избивший: «Этого не видел никто!
Пусть хоть повесится на заборе — дело не моё».

Она кричит.
Вращают на вертеле.
Любовь убита.

MURDER

Beating someone up ain't murder.
The one with money will prevail.

The lawyer, hourly, gulps from your wallet.
The aggressor says: "Nobody saw anything!
Let him go hang himself on a fence—it's nothing to me."

She's raving
Like pork rotated on a spit
Love has been murdered.

ОН

Прояснение мира
Я подошла к черте
Мои любимые стали прошлым
Осадок в чайнике и плохой запах изо рта
Его правильность разъела мои глаза
Из подмышек пот трусости
Не достучаться
Замороженные мозги и глухое сердце
Упитанное упрямство
Кукарекает как петух в мёртвой губернии

HE

The world is getting clearer
I come to the border
My loved ones have become the past
Teapot dregs and bad breath
His rectitude has eaten my eyes out
His armpits reek of cowardice
There is no way to be done
With his frozen brains and deaf heart
His chubby stubbornness
He crows like a rooster in a dead province

С МАМОЙ

темнота раздвинула шторы
я воркую и вздрагиваю
смотрю на мяч жёлтой луны
шуршит ветер
я засыпаю на твоих коленях
бумажный кораблик в море
забыл что игрушечный он

WITH MOMMY

darkness opens the curtains
I coo and shiver
looking at a soccer ball of a yellow moon
the wind crackles
I fall asleep in your lap
a paper boat at sea
has forgotten it is a toy

ЮНОША

помню умом и глазами
среди ночи съёженного юношу
боком отражался в стекле рассудка
рыжим пухом прилипшим к щекам
жаловался на убогую юность
в глупых слезах радовался
безукоризненным манерам
отвлечённого любопытства

THE ADOLESCENT

in my mind my eyes I remember
a youth cringing in the middle of the night
his profile mirrored in the glass of reason
orange peach fuzz glued to his cheeks
whining about his miserable adolescence
rejoicing in his stupid tears
with impeccable manners
his curiosity still abstract

БЫТЬ

Выбирай крупицы счастья
из памяти или
из бессмыслицы на поводке любви.

Аромат цветов
и девочка с рюкзаком на спине.

Выбирай из сумрака —
не-жизни здесь нет.
Что-то ты домыслил, что-то сгинуло
(мусор под ковёр замёл и забыл).

Выбирай оловянного солдатика,
пока он плывёт в брюхе рыбы.

Точность несуществующего момента.
Мелом на доске написанные
скрижали счастья.

Теперь просто будь.

BE

Pick the seeds of happiness
out of your memory
or out of sweet nothings, led by love.

The scent of flowers.
A girl with a backpack on her back.

Pick from the dusk —
no-life is not here.
Something you imagined, something vanished.
(I sweep the dirt under the carpet and forget).

Pick the tin soldier
swimming in the belly of a fish.

The precision of a make-believe moment.
Chalk writing on the slate
tablets of happiness.

Now just be.

ЛЕТНИЙ КОНЦЕРТ

люстра фейерверка над сценой
накрахмаленная рубашка
саксофон на лямке подрагивает
духовые в ряд
зачарованный воздух зевает
звук остановился
аплодисменты сонной сосны

SUMMER CONCERT

a firework chandelier over the stage
a starched dress shirt
a lead saxophone vibrates on a neck strap
in a row woodwinds
yawns in enchanted air
the sound evanesces
a sleepy pine grove applauds

юность

комната где на узкой кровати
два простых сердца
звякают звякают звякают
потом из потной музыки рождаются дети
мы целуем их нежные пяточки
и мы целуемся
мы расстаёмся
два организма не узнающие друг друга дети
не знают где найти родительские глаза

YOUTH

where on a narrow twin mattress
two naïve hearts
chime chime chime
and from this sweaty music children come
we kiss their tender baby feet
and we kiss
now we are cleaving
two organisms no longer know each other
and the offspring do not know where their parents' eyes are

ПОЖЕЛАНИЕ

я тебе желаю смерти
смерть пройдёт мимо
мои пожелания никчёмны
на губах улыбка милая
склизкий синтаксис
я тебе желаю чуткости
тебе она незнакома
разлуки трепетный припев
я тебе желаю как себе
жизнь в обжитом доме
и жалюзи и портьеры жёлтые
и всё что не желают детям
пожелания смешались
в один слепой день

WISH

I wish you death
but death will pass you by
my wishes are impotent
the amiable smile on your lips
utters a slimy syntax
I wish you the sensitivity
that is strange to you
your post-breakup tender refrains
I wish you as I wish myself
to live in a cozy home
with blinds and bright yellow curtains
everything now is what the children do not want
wishes mixed up
in one blind day

НЫТЬЁ

1

на завтрак весна без веселья
колосятся надменные звуки ливня
за занавеской рассвет-ленивец
львиное сердце цветка
зевает проходимец
в зеркале исчезнувшие лица любимых

2

комочки тепла моей жизни
я обняла одеяло
на пижаме улыбается акула
но где моя девочка
грусть захлестнуло сердце
мои любимые вы так далеко

NAGGING

1

for breakfast: a unfun spring
the condescending sound of a downpour abounds
behind a drawn curtain the sloth of dawn
the heart of a lion-flower
a rascal yawns
lost loved faces in the looking glass

2

warm morsels of my life
I hug the comforter
a shark smiles from pajamas
but where is my girl
grief engulfs my heart
little one you are too far away

ЛЕМУРЫ

У девочки поэзия вырастала из ладони
Она шла по подвесному мосту
В глаза ей глядел наполненный влагой воздух
Тяжёлый воздух дух не переведёшь
Там был кто-то кто из кокона вышел
И смотрел через стеклянный глаз
Когда глаз выжгло солнце человек пропал
Лемуры говорили и раскачивались как часы
Было липко и жарко и не слышны шаги
Я вспомнила как я смотрела на деревья сквозь твои глаза

LEMURS

Poetry leapt out of a girl's hand
As she walked across a suspension bridge
Moist air gazed into her eyes
Such heavy air you can't catch a breath
There was also someone who came out of a cocoon
And looked through a glass eye
When the sun burned the eye the man disappeared
The lemurs spoke and swung like a clock
It was sticky and hot and you couldn't hear footsteps
I remembered looking at the trees through your eyes

НОЧНАЯ СМЕНА

NIGHT SHIFT

КУКЛА

смущённая и растерянная
стояла она в сумерках
«Я не могу любить» она пробормотала
«Закрой двери в комнаты темноты»
                    сказал демон рассвета
она молчала
«Я вложу в осколки тела любовь»
стеклянная кукла

DOLL

embarrassed and confused
she was standing in the twilight
"I cannot love" she muttered
"Close the door that leads to the darkness room"
                                    said the dawn demon
she was silent
"I will brim with love the shards of her body"
glass doll

КОМНАТА

занавеска под ветром
задела кресло
остроугольный стол
растопырил ноги
я зашла в комнату
поздоровалась с мебелью
теперь я живу в среде
молчаливых предметов

ROOM

drapery in a breeze
brushed an armchair
a sharp-angled table
spread its legs
I entered the room
greeted the furniture
I live now in the habitat
of reticent furniture

БЕСКОМНАТНЫЙ

нет комнаты и нет в ней никого
зацепившись ко́гтем за небо
сосна голосит
остывшая весна
цветы в ней не цветут
идёт на цыпочках по улице народ

ROOMLESS

no room and no one in it
a claw snagged on the sky
an evergreen is groaning
cooling spring
and the trilliums aren't blooming there
people tiptoe down the street

ЛОДКА

бесшумные шаги
пена листвы вдоль дороги
дыхание лодки на привязи
трётся дощатым животом о шершавые крупицы
неприкаянная нежность

ROWBOAT

a noiseless gait
leaves like foam along the road
this tethered boat breathing
rubs her wooden belly on the rough grains
of a derelict tenderness

МОРСКИЕ МЕЧТЫ

на рассвете море засыпает
серебрятся водорослями сны
Афродита ласкает русалку
алмазные слёзы на щеках
целует солнечные следы

SEA SCENES

at sunrise the sea nods off
dreams are sparkling with algae
Aphrodite caresses a mermaid
amethyst tears are on their cheeks
sun-kissed vestiges

ВДВОЁМ

ВАГ

колокольный глагол утонул
водяными кругами расходится
из бара вышли вдвоём
дождь обрушился с неба
обнявшись раскачиваемся
небо стекает по щекам
стонешь и небо стонет

TWO TOGETHER
Translated by Aaron Poochigian

To VAG

the bell's verb is drowning
expanding in rings
two walk together out of the bar
a cloudburst drenches them
embracing swaying
the cloudburst streaks their cheeks
there is moaning and the sky moans back

TOGETHER
Translated by Anton Yakovlev

To VAG

the sound of the bell faded
expanded in watery rings
we walked together out of the bar
a cloudburst drenched us
embracing we sway
the sky pours down our cheeks
you moan and the sky moans back

ОТБЫТИЕ

звонок ударил по сердцу
окно пахло жарой летних мыслей
сумрачно темнело на печальной станции

DEPARTURE

a ringtone pierces the heart
the window has the scent of the blaze of summer thoughts
twilight is thicker in the dismal train station

DINER

неестественно тонкую
обнажённую до колена ногу
она сонно водрузила на его
колючие детские ключицы
не обращали внимания на мух
мальчишка тянул точившие его сопли
выжженные белые волосы
жёсткая от солнца и пыли голова
пищала от потери человеческого лика
хотелось ласково-нагло подойти и отдернуть
два недоразвитых удивительных тела
в хмельном радостном возбуждении

DINER

her awkwardly thin
leg naked to the knee
she sleepily hoists and positions it
on his pubescent collarbone,
ignoring the flies
the boy snorts his pulsating snot
his hair bleached blond
his skin toughened by sun and dirt
his voice cracks under a feral face
I want to break them up tenderly and roughly
yank apart two miraculous underdeveloped bodies
intoxicated with blissful excitement

ЗНОЙ МЕЧТЫ

ночь стоит надо мной
под подушкой головные боли
зной изображает мечту на кровати земли
горят лампы между деревьями
играет оркестр недвижных предметов
дряхлый сарай за сараем сад капусты
похудевшие лица
букет осторожностей

FEVER DREAM

night is looming over me
hiding my headache under a pillow
fever projects a dream on the ground
the lamps between the trees are on
the orchestra of inert objects is playing
a ramshackle shed with a cabbage garden behind it
gaunt lineaments
a bouquet of omens

НОЧЛЕГ

три раза в него входил страх
тело шевелилось как живое
мокрое лицо в подушке
и голова чайник
ночлежку будто выдумали
и кишка от насоса валяется
массовая жизнь в отдельных койках
храпят тюфяки

HOSTEL

terror penetrated three times
the body sluggish as if hardly alive
face clammy on the pillowcase
forehead of a dummy
the hostel seemed to be make-believe
the pump with its valves is lying around
life swarming in separate beds
snoring nonentities

ГЛАГОЛ ЭРОСА

У бога любви был трилогий глагол эроса
Тонкий длинный плоский разворачивался как язык ящерицы
Он щекотал поверхности озноба торчащего мозга
Этот мозг мизерный сотворён из остроты
                                    скользкой языческой щёлочи
Тот кто необъятно поглощаем
Умом не постижим широка моя россыпь чернозёма глубокая
Он как оплодотворял поля и просторы
Дожди лил на Лилит и проникались ими небосводы
Третий бог пенетрация был узкий и меткий
Он отправлял в небеса нимфеток и нимф застенчивых
                                                    за фанерой
Там узко и склизко без обеда
Так трёхглавый образ беспечный
Меня нашёл в баре
Застукал за чашкой пива
Засучив рукава в безрукавке заведует городской пылью

THE TRIPLE-DICKED GOD

The God of Love has three penises
One, long, flat and thin, unfolds like a lizard tongue
And tickles the shivering spike of a nerve
Which, minuscule, is composed of pagan, sharp,
                                  alkaline, slimy brain matter
Another, vast, is sucked inside
This one fertilizes the expansive field
Showers wet Wanda and enchants the sky
The third implement of penetration
                                  is narrow and precise
It sends nymphets to heaven and makes nymphs hide
                                  among the nasturtiums
This one is slender and slimy, and no dinner
Such is the three-pronged idol. Careless
He surprised me at a bar
While I was sipping beer
Sleeveless, he rolled up his sleeves

ЛЕТНИЙ ПОЦЕЛУЙ

женские ласки
слились в смущенном поцелуе
кукурузные волосы под бейсболкой
спортивное вечернее платье
каллиграфия угловатой пластики
рекламно-небесное видение
она умиротворённо шепчет
хочу попробовать тебя на вкус
хотя люблю мужчин

SUMMER KISS

our feminine caresses
rose to an embarrassed kiss
her flaxen hair under a baseball cap
and workout clothes as her gown
the calligraphy of an awkward elegance
a vision from the pages of Vogue
she whispers calmly
I lust to taste you
but I love men

ЗАДВОРКИ

В неопрятной нищете.
Трясущуюся руку заело.
Босяк. В закоулке под женщину косит,
заплетая волосы в пепельные косы.

TRAILER PARK

In sloppy impoverishment.
A hand stuck trembling.
Tramp. In an alley he plays a woman,
braids his bleached-blond mane.

ОСТАНОВКА

Отец объявился и себя предложил дочери. Оказия.
Городок притонов.
Осязаемая боль усталости.
В дешёвом мотеле слышен хохот. Холод.
Боль — это повод. Живи.
Зуд до крови.
Чеши. Бегают вши по её узкой бородке.
Дверь кряхтит.
На льняной взлётной полосе простыни… Дыши.

STOP

A father showed up and offered himself to his daughter. How kind.
A town of bordellos.
The tangible pain of fatigue.
Giggles are audible in the cheap motel. It's cold.
Pain is an excuse. Just live.
Fingernails draw blood.
Scratch. Lice run along her trimmed Vandyke.
The door squeaks.
The linen pattern looks like a runway ... just breathe.

НА ПЛЯЖЕ

резкий крик чайки у подножия горы
как чайник свистит
клюёт рыбу
и шелуха ковром по пляжу летит
кончай ты и выйди вон
выпрыгивают из клюва потроха
песок белёсый как её глаза
стелется туман
призрак в кошачьей койке
обгладывая трубчатые кости фонаря

ON THE BEACH

a seagull shrills at the foot of the mountain
the way a teapot whistles
it pecks at fish
and scales are spread like a carpet on the beach
pull out now
let the innards fall from that bill
the sand is as white as her eyeballs
fog is settling
a ghost in a cat's cradle
is gnawing at the long bone of a lamp stand

НОЧНАЯ СМЕНА

1

рычание и смех
резко поставил на четвереньки
глядя в замазанные мелом стёкла
прогиб в поту нежной грубости

2

Я проснулась.
Ни света, ни темноты.
Это сон?
Я проснулась слезливой луковицей.
Я осунулась.
Жизнь в царапинах.
Царство сна. Осанна.
Царство земное.
Царство телесное.

NIGHT SHIFT

1

grunt and chuckle
pushed onto all fours
she looks at frosted glass
her arched back sweaty with gentle roughness

2

Roused, I see
No shine or shadow.
Is this a trance?
I rise with onion tears.
I am spent.
A scratched life.
The hypnotic province. Hosanna.
The terrestrial province.
The flesh province.

ПЕРЕД ЭКРАНОМ

много это никого
я ухожу из дому
отталкивая память
или впиваюсь в экран
ты подпустил меня
так близко
осталось только
одеть меня в плоть
ласкай сирень
до позднего утра
и забывай слова

IN FRONT OF THE SCREEN

a lot of them are no one
I'm leaving home
forgetting memories
or staring at the screen
you let me in
we're close
all that is left
is dressing me in flesh
caressing the lilac
until late morning
and neglecting words

В БАЛЬНЫХ ПЛАТЬЯХ

Две тени не наговорятся,
сияет пыльный фейерверк.
В уединении молчат два брата,
пульсирует свет.
— Втроём же не бывает,
знаешь сам ты.
Но от бокала облик губ не отлепить.
В машине он подвёз к соседнему кварталу,
мгновенье между нами розами цветёт.
— Ну, что теперь?
В постели продолжим
танец в бальных платьях,
чтобы, наплясавшись, втроём целовать рассвет.

IN BALLROOM DRESSES

Two shadows just won't shut up,
dusty fireworks glow.
In solitude, two brothers say nothing,
the light flickers.
—Three can't play this game,
you know this yourself.
But you can't peel off the imprint of lips from the glass.
In the car, he drove to the next block,
the moment between us blossoming like roses.
—What now?
Let's continue in bed
the dance in ballroom dresses
until all three of us kiss the dawn.

АВОСЬКА

Где сумасбродная богиня?

Геометрические рифмы в оперении птицы,
на семи разных языках языческой любви
в небо меня вознесли, будто я ереси богиня.

Ты помнишь, в летней липкой жажде и жаре
меня в час пик на себя ты надевал.
Цепляясь солёными пальцами
повисшая на сетке
обняв твой узкий таз ногами, я стонала.
Железная авоська отделяла мусор от проезжей части.
«Ещё, ещё», — просила я.

Мы, необузданные, поглощали свет на ощупь.
И потом засыпали на пароме, возвращаясь в город,
засыпанные цветами зла и золотым песком.

Где сумасбродная богиня?

STRING BAG

Where is the crazy goddess?

Geometric rhymes in a bird's plumage
raised me up into the sky in seven languages
of pagan love, as if I were a goddess of heresy.

Do you remember putting me on at rush hour
in the sticky summer thirst and heat?
Clinging with salty fingers
hung on the net
legs around your narrow pelvis, I moaned.
An iron string bag separated the trash from the road.
"More, more," I begged.

We, the unrestrained, swallowed the light by touch.
Then fell asleep on the ferry on our way back to the city,
covered with flowers of evil and golden sand.

Where is the crazy goddess?

DANCE

Приказали войти в клетку
Раскачиваюсь над сценой
В сетях любви
Хлестнули и я прикурила
И кудри ниже пояса
Прицепили орден
«Красного фонаря»
Проткнули соски
Сочится сок из граната
Прогнувшись и задрав ногу
Ползу по решету
Запихнули в рот что-то
И двадцатник под чулок
Время сгинуло к чертям собачьим
Я вспомнила как деньги куют
В натуре только мальчики хвалят

DANCE

Commanded to enter the cage
I swing over the stage
In the chains of love
When whipped I light a cigarette
And my curls tumble below my waist
I am awarded the medal
of "Red-Light Queen"
My nipples are pierced
And pomegranate juice is oozing
Back stiff I lift a leg
And crawl on the mesh
They have stuffed a gag in my mouth
And a twenty in my garter
Time has gone to hell
Now I remember how money is made
For real only cowboys praise

Аарон Пучигиян — переводчик, поэт. Доктор классической филологии, University of Minnesota. Автор семи книг на английском языке, включая *American Divine* (Able Muse Press, 2021, премия Ричарда Уилбера), и девяти книг переводов, включая Сапфо «Ужален любовью» (Pinguin Classics, 2009) и Бодлера «Цветы зла» (WW Norton, 2021). Живёт в Нью-Йорке.

Aaron Poochigian earned a PhD in Classics from the University of Minnesota and an MFA in Poetry from Columbia University. His thriller in verse, *Mr. Either/Or*, was released by Etruscan Press in the fall of 2017. A recipient of an NEA Grant in translation, he has published translations with Penguin Classics and W. W. Norton. His latest book *American Divine*, the winner of the Richard Wilbur Award, came out in 2021. His other poetry collections are *Manhattanite* (Able Muse Press, 2017), winner of the 2016 Able Muse Book Award, and *The Cosmic Purr* (Able Muse Press, 2012). His work has appeared in such publications as *Best American Poetry, The Paris Review* and *POETRY*.

Антон Яковлев — переводчик, поэт. Родился в Москве, окончил Гарвардский университет, работал директором по образованию в Bowery Poetry Club в Нью-Йорке. Автор четырёх книг стихов на английском языке, в том числе Chronos Dines Alone (SurVision Books, 2018, премия Джеймса Тейта) и Ordinary Impalers (Kelsay Book, 2017). Стихи публиковались в *The New Yorker, The New Criterion, The Hopkins Review* и других журналах. В 2019 году в издательстве Sensitive Skin Books вышла книга Сергея Есенина в переводе Антона Яковлева.

Born in Moscow, Russia, Anton is a graduate of Harvard University and a former education director at Bowery Poetry Club in New York City. *The Last Poet of the Village*, **Anton Yakovlev**'s book of translations of poetry by Sergei Yesenin, was published by Sensitive Skin Books in 2019. His latest English-language poetry chapbook is *Chronos Dines Alone* (SurVision Books, 2018), winner of the James Tate Prize. He is also the author of *Ordinary Impalers* (Kelsay Books, 2017) and two prior chapterbooks. His poems have appeared in *The New Yorker, The New Criterion, The Hopkins Review,* and elsewhere.

www.ingramcontent.com/pod-product-compliance
Lightning Source LLC
Chambersburg PA
CBHW071114160426
43196CB00013B/2572